学习成就追梦人

刘桂萍◎编著

中国工人出版社

图书在版编目（CIP）数据

学习成就追梦人 / 刘桂萍编著. —北京：中国工人出版社，2021.4
（户外劳动关爱丛书系列）
ISBN 978-7-5008-7641-0
Ⅰ. ①学… Ⅱ. ①刘… Ⅲ. ①室外－工作人员－职业技能－问题解答
Ⅳ. ①C975-44
中国版本图书馆CIP数据核字（2021）第064628号

学习成就追梦人

出 版 人 王娇萍
责任编辑 习艳群 李思妍
责任印制 栾征宇
出版发行 中国工人出版社
地 址 北京市东城区鼓楼外大街45号 邮编：100120
网 址 http://www.wp-china.com
电 话 （010）62005043（总编室）
（010）62005039（印制管理中心）
（010）62382916（职工教育分社）
发行热线 （010）62005996 82029051
经 销 各地书店
印 刷 三河市东方印刷有限公司
开 本 787毫米×1092毫米 1/32
印 张 2.375
字 数 33千字
版 次 2021年5月第1版 2021年5月第1次印刷
定 价 16.00元

前言

为维护户外劳动者的合法权益，在全国总工会的引领下，各级工会大力推广户外劳动者服务站点建设，全国各地已形成一定规模。

为了更好地发挥各地户外劳动者站点服务劳动者的功能，在为户外劳动者解决“休息难、就餐难、如厕难”等难题的同时，本套“户外劳动关爱丛书”针对户外劳动者的工作特点和工作方式，为户外劳动者设计了涵盖维权、高温天气作业、素质提升、安全防护、健康知识等领域的小手册，旨在为广大户外劳动者提供有关工作、生活、身心健康等方面的贴心指南，也丰富户外劳动者站点的服务产品形式。

本套丛书以图文并茂的形式、通俗易懂的语言，让户外劳动者在体会阅读乐趣的同时，了解与其自身权益息息相关的诸多实用小知识，以享受到更好的服务。

目录

大国有我　时代追梦

终身学习　知识追梦

技术立足 技能追梦

规范行为　文明追梦

大国有我 时代追梦

① 什么是“中国梦”？

“中国梦”正式提出于2012年11月29日。习近平总书记把“中国梦”定义为“实现中华民族伟大复兴，就是中华民族近代以来最伟大梦想”，并且表示这个梦“一定能实现”。

“中国梦”的核心目标可以概括为“两个一百年”的目标：到2021年中国共产党成立一百周年和2049年中华人民共和国成立一百周年时，逐步并最终顺利实现中华民族的伟大复兴，具体表现是国家富强、民族振兴、人民幸福。

“中国梦”关乎中国未来的发展方向，凝聚了中国人民对中华民族伟大复兴的憧憬和期待。它是整个中华民族不断追求的梦想，是亿万中国人民世代相传的夙愿，每个中国人都是“中国梦”的参与者、创造者。

有梦就有蓝天，相信就能看见，每一位中国人都应以饱满的精神状态、奋发有为的进取精神、脚踏实地的工作作风，为实现伟大的“中国梦”而努力奋斗。

2 中国为什么离不开共产党的领导？

东南西北中，工农商学兵，党是领导一切的。这既是历史的选择，也是全国人民的选择。在中国共产党的领导下，我们国家站起来了、富起来了、强起来了，每个中国人都有了大国的尊严。

中国共产党始终坚持走群众路线，保持与人民的血肉联系。习近平总书记说："人民就是江山，江山就是人民。"中国共产党是中国人民的领导力量，在斗争实践中，披荆斩棘、愈战愈勇，坚如磐石、百炼成钢，是所有中国人民的主心骨。

③ 社会主义核心价值观是什么？

社会主义核心价值观是当代中国精神的集中体现，凝结着全体人民共同的价值追求。核心价值观是一个民族赖以维系的精神纽带，是一个国家共同的思想道德基础。如果没有共同的核心价值观，一个民族、一个国家就会魂无定所、行无依归。

为什么中华民族能够在几千年的历史长河中生生不息、薪火相传、顽强发展呢？很重要的一个原因就是中华民族有着一脉相承的精神追求、精神特质、精神脉络。

社会主义核心价值观包括富强、民主、文明、和谐的国家层面的价值目标；自由、平等、公正、法治的社会层面的价值取向；爱国、敬业、诚信、友善的公民个人层面的价值准则。

4 “十四五”规划和我们有什么关系？

2021 年 3 月，《中华人民共和国国民经济和社会发展第十四个五年规划和 2035 年远景目标纲要》发布。它事关我们每个老百姓的切身利益，规划中民生福祉类的指标内容占比超过 1/3，涉及就业、收入、教育、医疗、养老等领域。

例如，我们最关心的收入问题，规划中就提到，要确保居民可支配收入增长与国内生产总值增长基本同步，还会持续提高低收入群体收入，不断扩大中等收入群体，更加积极有为地促进共同富裕。应该说，“十四五”规划将指引我们走向更美好的明天。

5 2035年远景目标具体是哪些？

（1）我国经济实力、科技实力、综合国力将大幅跃升，经济总量和城乡居民人均收入将再迈上新的大台阶，关键核心技术实现重大突破，进入创新型国家前列。

（2）基本实现新型工业化、信息化、城镇化、农业现代化，建成现代化经济体系。

（3）基本实现国家治理体系和治理能力现代化，人民平等参与、平等发展权利得到充分保障，基本建成法治国家、法治政府、法治社会。

（4）建成文化强国、教育强国、人才强国、体育强国、健康中国，国民素质和社会文明程度达到新高度，国家文化软实力显著增强。

（5）广泛形成绿色生产生活方式，碳排放达峰后稳中有降，生态环境根本好转，美丽中国建设目标基本实现。

（6）形成对外开放新格局，参与国际经济合作和竞争新优势明显增强。

（7）人均国内生产总值达到中等发达国家水平，中等收入群体显著扩大，基本公共服务实现均等化，城乡区域发展差距和居民生活水平差距显著缩小。

（8）平安中国建设达到更高水平，基本实现国防和军队现代化。

（9）人民生活更加美好，人的全面发展、全体人民共同富裕取得更为明显的实质性进展。

经济实力、科技实力、综合国力

6 “两个一百年”奋斗目标是什么？

习近平总书记指出：“为了实现‘中国梦’，我们确立了‘两个一百年’奋斗目标。”

“两个一百年”奋斗目标是指：在中国共产党成立一百年时，全面建成小康社会；在新中国成立一百年时，建成富强民主文明和谐美丽的社会主义现代化强国。

第一个百年奋斗目标已经实现，第二个百年奋斗目标正在实现的路上。这需要每个中国人继续艰苦努力、勠力同心，最终实现中华民族伟大复兴的“中国梦”。

7 什么是人类命运共同体？

人类命运共同体，就是每个民族、每个国家的前途命运都紧紧联系在一起，应该风雨同舟、荣辱与共，努力把我们生于斯、长于斯的这个星球建成一个和睦的大家庭，把世界各国人民对美好生活的向往变成现实。

“构建人类命运共同体，建设持久和平、普遍安全、共同繁荣、开放包容、清洁美丽的世界。”习近平总书记在十九大报告中的这句话，道出了构建人类命运共同体思想内涵的核心。

宇宙只有一个地球，人类共享一个家园，各国共处一个世界。回顾千百年来人类发展的历程，我们不难发现：人类社会越是发展，人类的命运越是紧密相连、休戚相关，人类也越是向往“和平、发展、繁荣”的美好世界。

崇尚和平是中华民族的固有基因。协和

万邦、四海一家等理念在中国代代相传，深深植根于中国人的精神中，深深地体现在中国人的行为上。未来，中国定然会在构建人类命运共同体的过程中，履行大国责任，展现大国担当。

8 习近平新时代中国特色社会主义思想是什么？

习近平新时代中国特色社会主义思想是党和国家必须长期坚持的指导思想。它的内涵十分丰富，涵盖了新时代坚持和发展中国特色社会主义的总目标、总任务、总体布局、战略布局和发展方向、发展方式、发展动力、战略步骤、外部条件、政治保证等基本问题。它在实践的基础上，对经济、政治、法治、科技、文化、教育、民生、民族、宗教、社会、生态文明、国家安全、国防和军队、“一国两制”和祖国统一、统一战线、外交、党的建设等各方面作出新的理论概括和战略指引。

实践一次又一次地证明，只有社会主义才能救中国，只有中国特色社会主义才能发展中国。中国只有坚持和发展中国特色社会主义，才能实现中华民族伟大复兴。

为人民谋幸福，为民族谋复兴，为世界谋大同，是全面把握习近平新时代中国特色社会主义思想的金钥匙。

9 为什么提倡劳模精神、劳动精神、工匠精神？

习近平总书记在2020年11月24日召开的全国劳动模范和先进工作者表彰大会上首次对这三种精神的科学内涵进行了定义。劳模精神是指爱岗敬业、争创一流、艰苦奋斗、勇于创新、淡泊名利、甘于奉献。劳动精神是指崇尚劳动、热爱劳动、辛勤劳动、诚实劳动。工匠精神是指执着专注、精益求精、一丝不苟、追求卓越。

社会主义是干出来的，新时代是奋斗出来的。劳动是一切幸福的源泉，每个人都应该焕发劳动热情，厚植工匠文化，恪守职业道德，以辛勤劳动、诚实劳动、创造性劳动开创美好的未来。

10 我有可能成为劳模或工匠吗？

劳模和工匠是千千万万奋斗在各行各业的劳动群众的杰出代表。他们在平凡的岗位上创造了不平凡的业绩，以实际行动诠释了中国人民具有的伟大创造精神、伟大奋斗精神、伟大团结精神、伟大梦想精神。

只要我们每个人有想法、肯干事、敢创新，专业专注，追求极致，都有机会成为劳模或工匠。在 2020 年 11 月 24 日上午召开的全国劳动模范和先进工作者表彰大会上，全国有近 20 名一线快递员荣获“全国劳动模范”荣誉称号。所以，每个人都可以通过诚实劳动、辛勤劳动来实现人生的梦想和价值。

11 为什么劳动是一切幸福的源泉？

人世间的美好梦想，只有通过劳动才能实现；发展中的各种难题，只有通过劳动才能被破解；生命里的一切辉煌，只有通过劳动才能铸就。

对庄稼而言，最好的养料是农夫忙碌的身影；对发展而言，最好的助推器是奋斗者的实干。天上从来不会掉馅饼，越是美好的未来，越需要付出艰辛劳动。唯有苦干、实干，才能达成目标、实现梦想，才能让我们闻到幸福的芳香、采撷幸福的果实。

12 为什么要爱岗敬业?

无论从事什么工作，只要在这个工作岗位，身后就是一份责任、一种承诺和一种义务。只有爱岗敬业，尊重自己所从事的工作，才能把工作做得尽善尽美，才有可能为社会创造价值，同时也成就自己。

很多人误以为，要成就一番伟大的事业，一定要从事一份不寻常的职业，只有在一个大舞台上，才能实现自己的人生价值。其实不然，在一个平凡的岗位上，只要有心，把一件件枯燥的日常事情做好，在工作中不断学习、不断进步，对得起自己的工作和服务对象，就能在工作中找到价值，进而实现自我价值。

13 什么是职业道德？

职业道德是每位劳动者在职业活动中应遵循的职业行为准则和规范，包括遵纪守法，廉洁奉公；忠于职守，乐于奉献；实事求是，不弄虚作假；依法行事，严守秘密；公正透明，服务社会等。这些是每一位劳动者必须具备的基本道德品质。每个行业都有自己的职业道德规范，医生要尽全力帮病人把病治好，老师要尽全力把学生教好，环卫工人要尽全力把环境卫生处理好，快递小哥要保质保速地把快递件送到客户手中……

只有各行各业的人都遵守职业道德，我们这个社会才能维持正常运转。否则，我们的生活就会举步维艰。所以，遵守职业道德，不仅是为了他人，也是为了自己。

终身学习 知识追梦

14 为什么要终身学习？

如今，社会进步得比我们想象的要快，不学习、不进步就是在倒退。保持终身学习，并不是要让自己成为多厉害的人，而是不被社会淘汰的一个办法。

终身学习的内容很多，范围也很广泛。我们要善于接受新事物，多留心去学习新的知识。可以选择自己热爱的一个领域，作为专业或特长来学习，持续深耕，边学习、边思考、边实践、边总结，争取让自己成为一个有一技之长的人。

15 什么是学习型社会?

20 世纪 70 年代，联合国教科文组织提出“人类要向着学习化社会前进”，我们国家则要努力建成全民学习、终身学习的学习型社会。

随着科学技术的迅速发展、信息与知识的急剧增长，知识更新的周期缩短，对人的素质要求越来越高，学习成为个人、组织以及整个社会的迫切需要。只有不断地学习，才能应对时代的挑战。我们每个人都要积极地建设学习型家庭，努力融入学习型企业、学习型社区和学习型城市，让自己跟上时代前进的步伐。

16 什么是成长型思维？

一个人的思维方式非常重要。树立成长型思维，会帮助我们克服困难，持续成长。

什么是成长型思维呢？举个例子，一个孩子考试没考好，孩子不沮丧、不抱怨、不放弃，而是会思考：为什么没有考好、问题出在了哪里、怎么能够改善、如何行动，并立即采取措施。这便是成长型思维。

具备成长型思维的人更加坚韧，相信智力和能力可以通过不断地学习来提高，将遇到的困难和挑战当作学习和成长的机会，相信通过自己的不懈努力，未来会越来越好。

17 “求学圆梦行动”是什么?

2016年，教育部和中华全国总工会印发了《农民工学历与能力提升行动计划——“求学圆梦行动”实施方案》，旨在提升农民工学历层次、技术技能及文化素质，畅通其发展上升通道。各级工会也都发布了更加详细的文件。

“求学圆梦行动”是帮助有学历提升需求的农民工朋友，通过业余时间的学习，取得大专或本科学历。各级工会组织会给予减或免学费的优惠。如果是有意愿的劳动者朋友，不妨关注当地工会组织的“求学圆梦行动”的详细通知。

18 学习的途径有哪些？

当前是信息技术高度发达的时代，我们每个人自我学习的方式和途径也更加多样，主要有以下几种。

（1）学历学习：通过成人高考、开放大学、在职研究生班等方式，提高自己的学历，学习更多的知识。

（2）研读书籍、报纸、杂志：读书、看报等都是通过文字载体学习各种知识的形式。

（3）收听广播：当前有很多听书软件可供学习，如喜马拉雅、得到、樊登读书等，都有很多免费的学习内容。

（4）网络学习：可在各类专业性的线上学习平台进行多元化的学习，如以技能学习为特点的全国产业工人学习社区等。

⑲ 如何形成科学的学习思维？

（1）系统思维：把学习到的各种知识联系起来，形成体系。一个较好的办法是做学习笔记，把学到的知识、工作中的体验、看到的案例等记录下来，随时翻看。

（2）实践思维：善于把学习到的知识运用到实践中去检验、总结、思考、改善，在此基础上持续学习、提高。

（3）渐进思维：在学习的过程中从简单的内容入手，在能力提高的基础上，增加难度。最关键的是坚持，刚学 3 个月或许看不出效果，但 1 年后就会小有成效，3 年后效果就会更加明显。

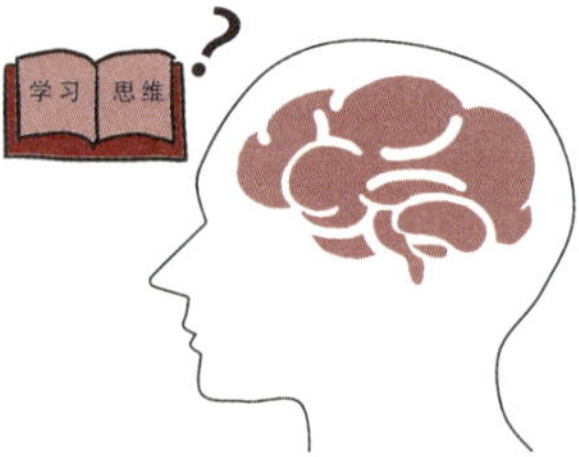

20 如何跟上互联网时代的学习脚步？

互联网时代，我们既要运用互联网，也要管理互联网。互联网上资源丰富，可以充分运用互联网上的学习小组、学习社区、网上读书会、书友会、学友会、研读会、手机的短视频等随时随地学习。

但是，互联网上的内容鱼龙混杂、良莠不齐。在互联网上学习的同时，还要有较强的自制力，不被不良的互联网内容所吸引并深陷其中，同时具有筛选优质学习资源的能力。

21 要不要试试成人高考？

成人高考是成人教育的一种，属于国民教育系列，其学历是被国家承认的，由国家统一安排入学考试。每个学校都有相应的录取分数线，由高到低进行录取。

成人高考分为高升专、专升本、高升本三个层次。报考层次不同、专业不同，所报考的科目不同。目前很多大学都具有成人高考的资格，可根据自己要学的专业到大学询问报名，参加学习和考试。

22 如何自学？

（1）明确学习目标：明确要学习哪方面的知识或技能，确定学习的目标是为了提升学历还是获得职业资格证书。

（2）科学管理时间：尽量让每天的工作有节奏，并且做一个相对精准的时间安排表，读书、学习也应该成为计划的一部分。

（3）加强自我管理：在学习的过程中，可能会遇到种种困难和不良情绪，如怀疑学习是否有用、太累了不想学、太难了坚持不下来等。遇到这些问题时，都需要坚定自己的学习目标，自我克服困难，坚持不懈。

23 如何利用碎片化时间学习?

如果我们利用好了碎片化的时间，也可以得到很好的成长。

（1）找到碎片化时间：通过时间排查的方式找到零散的时间，以 15 分钟为一个单位，列出每个单位的活动。

（2）制订学习计划：根据找到的碎片化时间来制订相应的学习计划，如每天利用零星时间记下 10 个单词；睡前看 20 页书；下班后练习技能 15 分钟等。

（3）整理学习笔记：碎片化时间学到的东西如果不及时记录整理，很容易被遗忘，因此要整理学习笔记。

24 工作很辛苦还有必要读书学习吗?

读书学习可以拓宽我们的视野，增加大脑中的信息。通过每天的坚持和日积月累，大脑中的记忆片段就会大大增加。

如果善于思考，记忆片段就会互相联系起来，形成相对系统的知识。这将改善我们的思维方式，提高我们的思考质量，让我们在遇到难题或新问题的时候，能形成多视角、多途径、多方面的思考方案。这样一来，我们解决问题的能力变强了，工作和生活就会变得顺利起来。所以有人说：你在读书上花的任何时间，都会在某一个时刻给你回报。

25 如何利用图书馆？

每个城市的图书馆都是政府提供给市民的精神家园，为市民提供了一个安静的、用于学习的好环境。市民只要凭借身份证，就可以办理一张图书借阅卡。

闲暇的时候，可以去图书馆的阅览室，找自己感兴趣的杂志或书籍，静静地阅读或思考。也可以去图书馆将书借回家，慢慢阅读，这样也比较环保和省钱。有孩子的家庭，也可以周末带孩子去图书馆，享受亲子阅读的美好时光。

技术立足 技能追梦

26 为什么说“行行出状元”？

社会有不同的分工，职业不分贵贱，每个行业都会被别人需要，都有自己的服务对象，都有其存在的价值。只要肯钻研深耕，不断思考，努力提升，练就一身真本领，掌握一手好技术，将手头的工作做到极致、做到顶尖、做到别人无法替代，每个人都可以成长成才。

当然，要成为行业里的“状元”，不仅需要埋头苦干、狠下功夫，还需要抬头看路，在明晰自己的长处和优势的基础上，与时俱进，根据时代需求不断发展自己的技术，在积累和传承中努力创新。

27 普通工作能干成技术活吗?

任何一份平凡的工作，都需要技术支撑，都能成为技术活。只要我们在工作中不断发现问题、提出问题、思考问题并解决问题，不断提升自己的本领和技能，就能成为技术高手。

例如，有的快递员不断思考总结，练就了自己的高效快速物品打包法，打包起来既快又准又美观；有的清洁工，能记住好几十种清洁用品的功能和用途，遇到突发情况时，能很快找到合理、高效的清洁方案；有的卡车司机，车一发动就知道车况如何；等等。

28 提高技术需要学习理论知识吗？

要想提高技术水平，成为技术大拿，理论知识的学习是必不可少的。理论知识为我们提供了一套思考问题的思路和方法，它是无数杰出的前辈在工作过程中，通过不断的尝试和探索，系统总结和验证过的成果。

我们学习理论成果，相当于站在巨人的肩膀上，以前人的科学方法为指导，快速地掌握某一技术。系统的理论学习不仅让我们知其然，并且知其所以然，这非常有利于技术的改进和创新。

29 提高岗位技能的方法有哪些?

（1）熟练阅读岗位操作手册，做到准确理解，烂熟于心。

（2）按照操作要求认真实践，做到规范操作，熟练掌握。

（3）遇到问题，及时问询或查找资料，在解决问题的过程中，总结经验，最好能做好技术学习笔记。

（4）在工作的过程中，努力思考提高工作效率的方法，并去尝试。

（5）不断地学习与工作相关的理论或技术知识，提高自己分析问题或解决问题的能力。

30 户外劳动者能获得技术职称吗?

2020年，国家人力资源和社会保障部出台《关于支持企业大力开展技能人才评价工作的通知》，支持企业自主开展技能人才评价、发放职业技能等级证书。按照“谁用人、谁评价、谁发证、谁负责”的原则，支持各级各类企业自主开展技能人才评价工作，发放职业技能等级证书，推动建立以市场为导向、以企业等用人单位为主体、以职业技能等级认定为主要方式的技能人才评价制度，努力形成人人渴望成才、人人努力成才、人人皆可成才、人人尽展其才的良好局面。

目前，北京市、上海市、广东省、浙江省等省市的快递员、育儿嫂等已经可以参加职称评定了。相信，随着国家人才培养和评价体系的逐步规范和完善，每个行业的从业人员都可以有自己的职业发展、成长路径。

31 国家职业技能标准是什么？

国家职业技能标准是国家人力资源和社会保障部在职业分类的基础上，根据职业特点要求，对从业人员提出的技术技能水平标准，要求凡是从事这类职业的人，必须要经过考试和鉴定，才能持证上岗，如电工、焊工、中式面点师、眼镜验光员等。

具体内容可以在人力资源和社会保障部的官网上查询《国家职业资格目录》。

32 有必要考国家职业资格证书吗？

要想证明自己的能力水平达到了国家职业技能标准，就得考取国家职业资格证书。国家职业资格证书是由国家人力资源和社会保障部颁布的、对劳动者的从业资格进行认定的证书。这个证书通常可以在全国范围内使用，证明劳动者具有从事某一职业所必需的知识和技能，也是劳动者求职时具有含金量的资质证明。

目前国家职业资格证书共有 139 项，其中专业技术人员职业资格证书 58 项，如教师资格、母婴保健技术服务人员资格、法律职业资格、导游资格等；技能人员职业资格 81 项，如保安员、焊工、筑路工、中式烹调师等。

国家职业资格证书需要经过理论和实操考试才能取得，大家可关注政府相关部门颁布的正式通知。

33 如何考取国家职业资格证书?

国家职业资格证书一般分为五个等级：初级（五级）、中级（四级）、高级（三级）、技师（二级）、高级技师（一级）。

个人可以自主申请参加职业技能鉴定：首先根据所申报职业的资格条件，确定自己申报鉴定的等级，然后到当地的人力资源和社会保障部门的职业技能鉴定机构申请参加考试和鉴定。如果需要培训，要到经政府有关部门批准的培训机构参加培训。

职业技能鉴定分为知识要求考试和操作技能考核两部分。知识要求考试一般采用笔试，操作技能考核一般采用现场操作的方式进行。经鉴定合格者，由相关劳动保障部门核发相应的职业资格证书。

34 职业技能竞赛有哪些?

职业技能竞赛分为世界职业技能大赛、国家职业技能大赛、省级职业技能大赛、行业职业技能大赛及企业职业技能大赛等。

各类职业技能竞赛是技术工人的盛会，各类技术高手在大赛中聚集，比拼拿手绝活儿，亮出技能风采。例如，2020 年的全国职业技能大赛，共有 86 个竞赛项目，涵盖了很多的职业和岗位，其中包括运输与物流、结构与建筑技术等 6 个大类，还为第 46 届世界技能大赛选拔优秀选手。凡是 16 周岁以上、法定退休年龄以内的中国大陆公民（当地学习或工作满 1 年以上）均可按属地原则报名参赛。

35 如何成为“国宝级”匠人？

曾经有一位叫新津春子的保洁员，被封为日本的“国宝级”匠人。她出生在中国沈阳，其父亲是“二战”遗孤，是一位日本人，其母亲则是中国人。1987 年，新津春子 17 岁时，他们举家迁往日本生活。

新津春子刚到日本时，不懂日语，也不会跟人交流，就做上了唯一肯雇用她的保洁工作，一干就是几十年。她带领团队将面积 76 万平方米的东京羽田机场打扫得一尘不染，羽田机场也因此被称为世界上最干净的机场。

新津春子不仅工作认真负责，而且是一个技术高手，能将 80 多种清洁剂的使用方法倒背如流，还能快速分析污渍产生的原因和组成成分。她不仅把设施表面看得见的东西清扫干净，对于平时看不见的部分，如除菌、除臭、烘干等，都做到极致。后来，她到了技术监督管理岗位，负责培训机场 700 名保洁员。正是她追求极致的工作态度和用心钻研的工作作风，让她成为日本的“国宝级”匠人。所以，要成为“国宝级”匠人，就需要同样的工作态度。

36 如何提高赚钱的能力？

同样的岗位，为什么有的人就赚钱多呢？

（1）技术熟练：岗位技术熟练，可以比别人有更多的产出。例如，送餐员如果对路况和客户情况都非常熟悉，每天送出的单就多；出租车司机如果熟悉路线和路况，被拥堵的时间就少，可以拉更多的顾客。

（2）有附加产值：在工作的同时，可以注意观察客户的需求，帮助客户解决难处，往往能赚到额外的钱。例如，出租车司机捕捉到乘客的出行规律，合理规划自己的出行路线，逐渐让自己的车成为乘客的专车；送餐员了解了某个小区的顾客需求，可以顺便做社区团购等。

（3）赢得信任：在与客户交往的过程中，如果诚实守信、吃苦耐劳，就会赢得更多的信任和生意。例如，有的企业愿意将大单业务交给信得过的、活儿干得好的人。

37 如何才能不被人工智能所替代呢？

随着人工智能技能的飞速发展，很多传统行业都将被人工智能所替代，但人工智能并不能替代所有的工作。

（1）未来人工智能将会替代简单重复性的工作，如收银员、收费员等，但不是所有服务业或传统行业都会被替代。

（2）个性化服务将不会被替代，因为个性化服务有赖于人与人之间的沟通交流和深度了解。因此，不妨努力发展自己个性化服务的能力，如进入高端服务业、参与个性化服务项目。

（3）未来人工智能从事的仍然是重复操作的工作，但驾驭机器可能需要综合能力。因此，可以通过不断学习其他领域的知识，让自己成为一个多面的学习者，提升自己的独特性和不可替代性。

规范行为
文明追梦

38 生活中怎样遵守社会公德?

（1）文明礼貌：人与人之间和谐相处，举止文明，以礼相待，不说脏话，不欺骗他人。

（2）助人为乐：人与人之间团结友爱，相互关心，相互帮助；对不法行为，应当分清是非，挺身而出，见义勇为。

（3）爱护公物：在公共场合要注意爱护公共财产。

（4）保护环境：保持社会公共环境的整洁、舒适和干净，讲究公共卫生，营造优美环境。

（5）遵纪守法：自觉遵守法律、法规、纪律，用法律、法规、纪律来指导和约束自己的行为。

39 怎样养成良好的生活习惯?

（1）养成健康的饮食习惯：按时吃饭，饮食规律，营养均衡，搭配合理，特别要注意吃好早饭，保持健康。

（2）养成规律的作息习惯：注意形成良好的作息生物钟，每天早睡早起，保持充足的、高质量的睡眠。

（3）养成良好的锻炼习惯：在辛苦的工作之余，克服坐着不动、玩游戏或者赖床的习惯，通过走路、健身操等方式锻炼身体。

（4）保持良好的心理状态：保持积极向上、理性平和的心理状态，不怨天尤人、不放弃努力，以诚实劳动换取幸福生活。

40 如何树立家庭美德?

（1）发展夫妻爱情：夫妻关系是家庭建设的核心，努力做到夫妻平等、互敬互爱、互忠互信、共同发展，营造和谐的夫妻关系和家庭氛围。

（2）发展长幼亲情：老有所终，幼有所养，尽享天伦之乐是每个人追求的幸福生活。子女尽心赡养老人，从饮食、起居、疾病治疗等方面给予老人关心照顾；父母尽力抚育、培养孩子，让孩子健康茁壮成长。

（3）发展邻里友情：远亲不如近邻，良好的邻里关系是重要的社会支持系统。要尊重邻居的生活方式和生活习惯，相互帮助，公共的事情不斤斤计较，和睦相处。

41 与客户交往时有什么礼仪？

与人交谈时，口齿清晰，音量适中，语速合适，面带微笑，礼貌热情，既不自卑，也不高傲，诚恳大方。

如果需要客户等待，应先说声“对不起”，简单说明理由，赢得客户理解，避免发生误解和冲突。

穿着工作装，应保持衣服干净、无异味，着装整齐，不显邋遢。

注重个人清洁卫生，做到“五勤”：勤洗澡、勤洗手、勤剪指甲、勤理发、勤换衣。

42 就餐时应该遵循什么礼仪？

就餐前，安静等待，不大声叫喊；使用餐具时，轻拿轻放，不发出大的声响。就餐时细嚼慢咽，不在桌上嬉戏、喧闹；不在菜中乱翻乱拣，不乱倒饭菜，不乱扔食物；口中含着饭菜时，不与人交谈。

吃到鱼头、鱼刺、骨头等物时，不要往外面吐，也不要往地上扔，要吐到自己的碟子里，或放在事先准备好的纸上。

自觉使用公筷，不能将自用餐具伸入公用餐盘夹取菜品。在公共场合就餐时，不能抽烟。如需抽烟，需到指定的区域。

43 就医时需要注意什么？

（1）提前预约：现在各个医院都可以在互联网上预约挂号，就医前，不妨先在手机上约好看病的时间、医生、科室，看病时可以直接取号就医。60岁以上的老人，不会操作手机的话，可以直接到医院的窗口挂号就医。

（2）带好医保卡或身份证：去医院看病需要医保卡，如果没有医保卡，就要带上身份证，去挂号窗口办一张就诊卡。

（3）提前做些准备：医院里通常病人会非常多，为了节省时间，在看医生前，先整理下思路，想想自己什么时候开始不舒服、哪里不舒服、具体症状、疾病史等。同时，目前大部分医院都实现了手机端支付。如果就诊者没有手机端支付功能，可准备适量现金就诊。

（4）耐心等待就诊：进入就诊区后，耐

心地坐在指定区域等待叫号就诊，不吵闹、不喧哗，不随意进入就诊室，不到处走动。

（5）配合医生诊断：就医时配合大夫问诊，准确描述病情，按要求做相应检查，尊重和理解大夫的工作，建立和谐的医患关系。

44 去银行办理业务要注意什么？

一般来说，去银行办理业务需要带好身份证和银行卡。携带银行卡时，银行卡需要和手机分开存放。如存放不当的话，银行卡会被手机消磁。

进入银行办事厅，先取号排队，向银行工作人员询问所需办理的业务，争取电子化快速办理，节省时间。在指定区域耐心地等待叫号，不大声喧哗，不随意走动，不靠近他人。

去柜台取钱或使用 ATM 机取钱时，注意周围环境，防止自己的账号、密码被窃取。如果取的钱比较多，建议结伴同行，并且注意看看周围是否有可疑的人，不要走偏僻的地方，不在途中停留。

45 参观博物馆时应遵守什么秩序?

要保持服装整齐，不能穿着背心、短裤、拖鞋到博物馆。博物馆的展品大多具有珍贵的历史价值和艺术价值，参观时要多加爱护，不抽烟，不随便触摸展品，不使用闪光灯拍照。

参观时应保持安静，不大声喧哗，专心听讲解员讲解，不出言不逊，不妄加评论。遵守秩序，不拥挤，不宜在一件展品前长时间驻足，以免影响他人观赏。他人观赏展品时，不从他人前面经过，以免妨碍他人观赏。

46 文明上网的要求有哪些?

（1）要保守国家秘密，不泄露党和国家机密，不在网上发送有损国格、人格的信息。

（2）不能在网络上从事违法犯罪活动，不制作、查阅、复制和传播有碍社会治安、社会公德及有伤社会风气的信息。

（3）不得发表任何诋毁党、政府和国家的言论，不得发表任何有碍社会稳定、国家统一和民族团结的言论。

（4）不在网络上接收和散布封建迷信、淫秽、色情、赌博、暴力、凶杀等有害信息，不浏览色情、暴力、反动网站。

（5）不得捏造或歪曲事实、散布谣言、诽谤他人、扰乱社会秩序。

47 如何文明乘坐交通工具?

（1）自觉排队候车，候车时不吃零食，不乱丢果皮纸屑，不喧哗吵闹，不推搡追逐。

（2）车停稳后，按先后顺序上车，不拥挤，不推撞。

（3）按序就座，不争抢，不占座，主动给老、弱、病、残、孕等乘客让座。

（4）在车厢内要讲文明、有礼貌，不高声喧哗，不讲脏话、粗话，不在车内任意走动。

（5）不带宠物乘坐公共交通。

48 如何做到文明行车?

（1）自觉遵守交通法规，维护交通秩序，服从交通民警指挥。

（2）行车中，如果与其他驾驶员发生摩擦，要心态平和、耐心沟通；无法通过协商自行解决时，等待警察出来解决。

（3）遇到交通拥堵时，耐心等待，不违规抢行，不占用非机动车道，更不能冒险逆行。

（4）在狭窄的路段会车时，做到礼让“三先”：先慢、先让、先停。

（5）遇有需要援助的车辆时，减速停车，给予热情帮助。

（6）遇有积水路面时，特别注意减速慢行，以免泥水飞溅到道路两侧行人身上。

49 能为城市环保做些什么呢?

（1）坚持垃圾分类：垃圾多种多样，乱放垃圾会对健康和环境产生影响，因此必须分类存放。

（2）减少白色污染，不能将塑料袋、饭盒、杯、碗等一次性不可降解塑料制品扔在旅游区、河流、水面等。

（3）限制使用塑料袋，可以将塑料袋洗干净重复使用，多使用可重复利用的环保布袋。

（4）节约用水，洗衣服的水可再次用以擦地、冲厕等。

50 如何进行垃圾分类？

垃圾分类就是将垃圾分门别类地投放，并通过分类地清运和回收使之重新变成资源。

一般可将垃圾分为可回收物、其他垃圾、厨余垃圾、有害垃圾四类。

（1）可回收物是指可以再次回收利用的垃圾，主要包括塑料、纸张、金属易拉罐、废弃的布料衣物等。

（2）其他垃圾属于难以回收利用的垃圾，处理方式主要是填埋，主要包括砖瓦、陶瓷、渣土、卫生间废纸、纸巾、食品袋（盒）。值得注意的是，大棒骨因为“难腐蚀”被列入其他垃圾。

（3）厨余垃圾的处理方式是经生物技术就地处理堆肥，主要包括剩饭菜、废弃食用油、果皮菜叶等。

（4）有害垃圾主要是指对环境容易造成污染的有毒垃圾，主要包括水银体温计、过期药品、电池、油漆、化妆品等。

不同垃圾应投放至不同颜色的垃圾桶内，要注意分类投放。